M4 disjecta

Film and video works by Runa Islam
Eine Ausstellung des Magazin 4 Vorarlberger Kunstverein
6. September – 5. Oktober 2003

RUNA ISLAM

MAGAZIN 4
Vorarlberger Kunstverein

INHALT

4 Der entwurzelte Blick
Peter Lewis
Arbeiten von Runa Islam 1993–2003

32 The Unfounded Eye
Peter Lewis
Works by Runa Islam 1993–2003

2 **Runa Islam**
Screen Test/Unscript, 2000
16mm Film mit Ton

Arbeiten von Runa Islam 1993–2003

DER ENTWURZELTE BLICK
Peter Lewis

Seit er die Kopie sah, jagte er einer ursprünglichen, sich immer mehr entziehenden Wahrheit nach.
Beim Versuch, ein einzelnes bei Runa Islam angelegtes Thema von den Anfängen einer Visualisierung im Medium Film an herauszarbeiten, stößt man auf Personen, Orte oder Dinge, die so gut wie immer vor einer Super-8-Kamera auftreten. Sie scheinen eine Art zerbrechlicher, empfindlicher Bedeutung auszustrahlen oder eine leichte Abwesenheit. Sie fördern zum Beispiel den epigrammatischen Ansatz im Erzählstil, das Gefühl dafür, Momente einzufangen, oft sehr eindringlich und passend zur bildhaften Ambivalenz der Stereotype, die durch ihre bunt zusammengewürfelte Schauspielerbelegschaft vertreten wird. Die von Islam für kurze Szenen und Fotos persönlich ausgesuchten Schauspieler sind ausgeprägt individuelle Persönlichkeiten, die in ihrer Leinwandpräsenz aber noch in traditionellen Konventionen des Porträts befangen sind. Die namenlosen Darsteller agieren in bewegten Bildern, irgendwo zwischen Fotografie und Film. Unter dem Titel ‚*Self(ish) Portraits*‘ (1993–94) hat Islam über den Zeitraum eines Jahres in einem Skizzenbuch Selbstporträts gezeichnet. Sie wurden 1997 ausgestellt, eine Wand voll fotografierter Zeichnungen von Gesichtern, die, statt einen bestimmten Charakter zu beschreiben, eher subtile Veränderungen hinsichtlich Wahrnehmung und Erkennen katalogisierten, so dass die Person selbst sich von Tag zu Tag zu verändern schien – nicht nur im Sinne einer Vervielfältigung ihrer Persönlichkeitsaspekte, sondern auch ihrer körperlichen Erscheinung nach. Jedes dieser Porträts erscheint ihr bis heute fremdartig. Diese frühen

Experimente zu kritischen oder nichtrationalen Dokumentationsverfahren kommen, wenn auch unbewusst, darin überein, die Genres der Dokumentarfotografie und des Films zu dekonstruieren und neu zu organisieren. Islam versucht nicht, das Subjekt und seinen Status in der Welt von einem neutralen, fixen Punkt aus zu beobachten oder objektiv zu bewerten, sondern richtet die Aufmerksamkeit auf Strukturen, die ohne ein ursprüngliches Milieu auskommen. Islams Filme werden deshalb als postmoderne Bildwelten bezeichnet. Sie hat die Textur des Materials aus dem ‚Kino der Attraktionen' (die frühesten Spektakel um bewegte Bilder, etwa die Aufführungen von Schattenspielen oder die Laterna Magica) verfeinert und zu einer Immaterialität geführt, in der diese ‚Attraktionen' den Verfremdungseffekt der fiktiven Figur prägen, wie zum Beispiel in ‚*Rapid Eye Movement*' (2002) und in ‚*Parallel*' (2001); eine Immaterialität, die in ‚*Screen Test/Unscript*' (2000) bereits angelegt ist. In ‚*Screen Test/Unscript*' ist man in ungewisse Distanz zur Illusion einer dokumentarischen Kontinuität versetzt. Dadurch, dass das Erleben des Films durch die ganze Machart eher ästhetisch geprägt ist, steht das Werk zwischen beidem, ist sowohl Kunst als auch Kino, ohne weitere über seine immanente Durchführung hinausgehende Bewertung. Das Kino kehrt im Erscheinungsbild von Kunst zurück und vice versa. Leinwände werden als Bestandteile einer Installation wie Objekte im Raum platziert. Betrachter können sich frei und ohne die vorgeschriebene Sitzordnung eines Kinos bewegen. Die strukturelle Gestaltung der Installationen gehört zur Materialisation der jeweiligen Arbeit, zu ihrem materiellen und ideellen System. Die Technologie von Projektion und Zelluloid wird vollständig offen gelegt – ein Zeichen von Sensibilität gegenüber den Betrachterpositionen als Subjekt und als Objekt wie auch gegenüber der Herstellung des Werks und den Schauspielern, die sich ihm als Objekte überlassen. Damit gehört Islam zu einer Kategorie von Kunstschaffenden, die das Kino performativ erweitern. Das

Ergebnis ist ontologisch verschieden von den Bühnen der dramatischen und der Filmtheater: Auf ersteren werden einzelne Aufführungen, im Kino mechanische Reproduktionen gezeigt. Man muss eine feine Unterscheidung zwischen Film, Kino und ihren Simulacren treffen. Islam kopiert die Codes des Kinos, sowohl in Bezug auf Filme mit den eingeschriebenen und entäußerten Erzählungen von gesellschaftlicher Verortung (Einstellung, Ort, Handlung und Geschichte werden bestimmt) als auch in Bezug auf ihre Umsetzung (Installation, Auswahl der Apparate, Anregen eines Gesprächs zwischen Betrachtern). Beides mag nahezu gleich aussehen, aber um ein Simulacrum hervorzubringen muss es auf besondere Weise, als eine simulierte Performance konstruiert sein, die ‚das Kino' *ungegründet* erscheinen lässt.

Das Erscheinungsbild der Struktur und seine fotogene Macht als Simulacrum entspringen einer Konvention, wie etwa in den gestellten Bildern von Daguerre. Die Brüche des frühen Experimentalfilms, die sich zwischen Archivfotografie, Dokumentation und ethnografischen Porträts von Unbekannten sowie einer Simulation von Handlungen durch einfache Skripts bewegen, werden verallgemeinert, um die visuelle Kategorie des Kinos zu ermöglichen. Aus dem Genre der dokumentarischen Erzählung heraus wird es neu inszeniert, indem es Bewegungen von Personen durch Handlungen, Gesichtsausdruck und Erscheinung beschreibt.

Durch die Verwendung des Mediums der 16-Millimeter-Farbkinematografie (neuerdings auch Super-16-Millimeter) und eine separate Klangtechnik, die ihr die Freiheit gibt, Ton- und Musikmontage über die optischen Inhalte des Films hinaus zu erweitern, wird Runa Islams Arbeit meist im Sinne einer relationalen Ästhetik aufgefasst, die zwischen verschiedenen Formen des Kinos und speziellen Arten von Kunstpraxis angesiedelt ist. Indem sie Handlungsmuster und Soundtracks aus anderen, bekannteren Filmen integriert, führt sie Bilderwelten aus dem Archiv des Kinos an die Grenzen einer neuen Sichtbarkeit: Solche dunklen, unbewussten kollektiven Erinnerungen (seit 1993 zusammengetragenes Material, das eigentlich in die Kategorie ‚Erinnerungen anderer Leute' fällt) bestimmen noch immer die alltäglichen Sichtweisen, die in einer Kino-Installation vermittelt werden, als Simulation oder Modell des Kinos mit seiner mehr als hundertjährigen industriellen, urbanen Geschichte. Indem die Arbeit als Kunstausstellung mit bewegten Bildern auftritt, absorbiert sie die Abstraktion (Zeit), um eine Verknüpfung zwischen der Abwesenheit der Welt und der Ausführung fiktiver Codes einer dauerhaft konkreten Gegenwart herzustellen. Gegenüber dem zeitgenössischen Kino, das vor allem ideologisch funktioniert, nimmt Islam eine kompromisslose Position ein und folgt damit insbesondere den *auteurs-cinéastes* der 60er-Jahre und den Theorien der frühen Pioniere. Sie zeigt diese Ausrichtung im Zusammenhang experimenteller Filme, hergestellt mit Kamera und Projektor, die ihre Aufgabe als Erzeuger von Licht und Illusion zugleich materialisieren und dematerialisieren. Mit diesem Gestus wird eine Verkehrung hergestellt wie bei einem Möbiusband (von Jean-Luc Godard als Metapher für die Beziehung des Zuschauers zur Identifikation mit einem Schauspieler geprägt), das verborgene Potenzial einer neuen Subjektivität. Das Möbiusband führt den Zuschauer an der Erzählung entlang und lenkt ihn zurück, mitten ins Leinwandgeschehen hinein, in eine Bewegung der Wiederholung: Quell des Vergnügens und schreckliche Macht, als ‚ungegründet' (orig.: ‚unfounded') wiederzukehren. Ein Begriff, der aus der Kritik des Philosophen Gilles Deleuze an Friedrich Nietzsches ‚ewiger Wiederkehr' stammt, sie ist ein Simulacrum, das „auf Unterwanderung der Welt der Wahrheit und der Repräsentation abzielt, indem sie den Verkörperungen von Wahrheit, Gott, Selbst und der Welt gestattet, nur in dem Maß wiederzuerscheinen, in dem sie absolut grundlos (orig.: ‚unfounded') geworden sind, wie eine Reihe von Masken und Mythen, unendlich weit von jeder transzendenten Wahrheit oder einem Punkt des Ursprungs entfernt." (Aus: Scott Durham (Hg.), Phantom Communities: *The Limits of*

Postmodernism Part 1 The Problem of the Simulacrum, Theories and Narratives, S. 10) „Das Simulacrum im nachahmenden Sinne ist die Verwirklichung von etwas in sich Nichtkommunizierbaren oder Nichtrepräsentierbaren: das Fantasma in seiner obsessiven Zwanghaftigkeit." (Aus: Sarah Wilson (Hg.), *Description, Argumentation, Narrative – Decadence of the Nude, Pierre Klossowski, Maurice Blanchot*, S. 128) „Jede Erfindung des Simulacrums setzt die Herrschaft prädominanter Stereotypen voraus: Nur mit ihren dekomponierten Elementen kann es durch Schaffung eines Simulacrums gelingen, diese Herrschaft des ‚Stereotyps' zu etablieren." (ebd., S. 129)

‚*The First Glance*' (2000, 16 Millimeter, Farbe) zeigt einen Mann, der wie der mythische Narziss in einen Spiegel blickt und sich selbst begehrt. Darüber ist eine aus Rainer Werner Fassbinders Film ‚*Faustrecht der Freiheit*' (1975) entnommene Stimme gelegt, die über homosexuelle Liebe spricht und als ‚innere Stimme' fungiert. Die Schönheit der reflektierenden Oberfläche von Spiegel und Leinwand unterliegt einer fortgesetzten Überprüfung durch den theatralischen Gestus ihres sprechenden Subjekts – dadurch werden Distanz und Nähe, Objekt und Spiegelbild sowie Klangtrennung und Bildsättigung in Balance gehalten. Das Licht der Spiegeloberfläche bleibt auf der gleichen kritischen Distanz wie die Leinwand in Bezug zur synchronisierten Stimme und ihrer lyrischen Träumerei. Belohnungen für den Blick, so scheint sie anzudeuten, sind Sache von persönlichem Geschmack und Bildungsgrad. Rezeption ist bittersüß, Selbstreflexion ungewiss, und persönliche Gefühle werden durch verinnerlichte Ambivalenz gestört. Evidente Wahrheiten und Interpretationen gibt es nicht, bloß verschiedene Grade der Ernüchterung und Selbstgenuss am eigenen Spiegelbild.

Solche Themen werden in ‚*Rapid Eye Movement*' (2002, Super-16-Millimeter, Farbe) in Geschichten übersetzt, in Vignetten, die die Passivität eines Schauspielers als Oberfläche erkunden, und bei denen der Verfremdungseffekt als Gradualität von Oberfläche und Wachheit vorgeführt wird: Der Zustand des Halbschlafs wird mit seiner Überlagerung von Zuschauer/-Schauspieler/Träumer als luzider Austausch von Subjektivitäten inszeniert. Islam geht in ‚*Rapid Eye Movement*' mimetisch vor, sie arbeitet mit den Bewusstseinslücken oder den ungewissen, verfremdenden Momenten der Krise in einem Traum.

Gilberto Perez schreibt in klaren Worten über das Gefühlspotenzial und die Ästhetik des Verfremdungseffekts: Die „Theorien von Lacan und Althusser gehen fehl. Sie basieren auf der Annahme einer durchgängigen Illusion – darauf, dass wir die Repräsentationen der Kunst oder Ideologie vollständig als Realität akzeptieren und dass auch die der Illusion entgegenwirkende Verfremdung dementsprechend lückenlos sein muss; doch so wird bloß das Kind mit dem Bad ausgeschüttet." (Aus: Gilberto Perez, *The Material Ghost; History Lessons*, S. 292).

Statt blind der Philosophie von Jacques Lacan zu folgen oder von einem hausgemachten Nominalismus auszugehen, so wie sich die Videokunst ausschließlich auf strukturalistische, materialistische oder konzeptuelle Arbeiten der 60er und 70er Jahre berufen hat, ist Islams Generation in der Lage, aus all den Genres und Disziplinen ‚politisch' Kapital zu schlagen, die ihr der Überblick über den Mainstream und die historische Avantgarde-Kunst des 20. Jahrhunderts an die Hand gibt. Islams Arbeit unterscheidet sich etwas von der ihrer Zeitgenossen, weil sie formal nicht so sehr politisch auf die Vergnügungen des Kinos Bezug nimmt. Bei Pierre Huyghe etwa, der ebenfalls mit Kino arbeitet, ginge es zum Beispiel um Passivität und um die Gefahren, die Massenvergnügen impliziert. Islam steigt in die politische Diskussion dagegen eher indirekt ein, mit der Affinität zur Kamera als solcher. Politik der Repräsentation ist weder Inanspruchnahme noch Verleugnung einer Repräsentation von Politik.

Von 1996 bis 1998 besuchte Islam die Rijksakademie in Amsterdam, wo sie die Phase ihrer frühen, eher persönlichen Super-8-Filme beendete. Im Wechsel zu 16 Millimeter und unterschiedlichen Projektionen entstanden hier die Filme ‚Turn/Gaze of Orpheus' (1998, Digitalvideo), ‚Martin' (1997, Super-8-Millimeter, Farbe und Digitalvideo, s/w), ‚Stare Out/Blink' (1998, 16 Millimeter, s/w) und ‚Tuin' (1998, 16 Millimeter, Farbe und Digitalvideo, s/w). Die Arbeiten ‚Screen Test/Unscript', ‚Dead Time' und ‚The First Glance' (alle 16 Millimeter, Farbe), die nach ihrer anschließenden Rückkehr nach England entstanden, entwickeln die Intimität des Porträts, besonders in Hinsicht auf ihre Leinwandpräsenz als Close-up.

‚Screen Test/Unscript' ist eine Nahaufnahme von Freunden, die so tun, als seien sie Unbekannte. Wie John Cassavetes oder Andy Warhol fügt Runa Islam ihre persönlichen Eindrücke in eine formale und elegante Struktur. Warhol hat bei ‚Screen Test/Unscript' und Cassavetes bei ‚Shadows' Pate gestanden. Die Nahaufnahme zeigt die Physiognomie ikonisch und indexikalisch; das ‚Andere' ist auch das ‚Gleiche'; das Gewöhnliche wirkt einzigartig, wenn es mit dem richtigen Abstand gefilmt wird. Für Carl Theodor Dreyer war die Nahaufnahme eine Sehnsucht, die Seele unter der Haut zu berühren. Anders als Dreyers Vergrößerungslinsen dringt Islam nicht unter die Haut, um die Seele zu erreichen, sondern interessiert sich mehr für die Enthüllung von Möglichkeiten im Gesicht eines Individuums: eine beim Vorsprechen entdeckte Fähigkeit, die Sehnsucht in einem entsetzten Blick, ein Gefühl für das Unwirkliche oder Abstraktion in ikonischer Darstellung erzeugen ein seelisches Unbehagen. Erfüllung bleibt bei Islam unerreichbar und außerhalb des Bildes. ‚Screen Test/Unscript' ist darauf angelegt, wie eine Probeaufnahme zu erscheinen – und er wird auch dazu: durch Übertragung der Verantwortung auf das Urteil des Publikums.

Die Kamera schwenkt aus dem Fokus und sucht nach der Vergessenheit des Schattens. Diese Protagonisten agieren nicht bloß, sie wurden aufgefordert, sich selbst oder sich als ‚jemand anderen' zu spielen, als Schatten ihrer selbst und im vollen Bewusstsein, dass sie dabei gefilmt werden. Ihre Stimme wird durch eine andere ersetzt, synchronisiert, aber nicht immer in Einklang mit der sprechenden Person im Bild. Das Verhältnis zwischen Ton und Bild ist durch Kontinuität wie auch durch Brechung charakterisiert. Klossowskis Theorie greift. Die Darsteller haben keine Namen, es sind Typen. Aber sie schauen häufig in die Kamera, wie die Darsteller in Chris Markers ethnografischem Film ‚Sans Soleil', in dem sich das Dokumentarische durch die verführerische Stimme ins Imaginäre verwandelt. Dadurch werden wir bei Marker zu Voyeuren von Ethnien. Bei Islam wird das zu einer Ausdrucksform. Eine ungemütliche Art von Voyeurismus, die uns ebenso wie sein Beobachtungsobjekt in eine Installation einbindet, bei der um die zentral platzierte Leinwand herumstehende Zuschauer sich selbst als Voyeure erkennen. Die Stimme kommt aus zwei Richtungen, eine vom Projektor, die andere aus einem Lautsprecher; dadurch erzeugt sie ein Echo oder eine Reflektion. Islams eigene, durch den Spiegel gefilmte Probeaufnahme zeigt sie an der Kamera während des Drehs. Die Tatsache, dass die Kamera die Spiegelung aufzeichnet, erinnert an Velásquez, der sich in seinem Gemälde ‚*Las Meñiñas*' an der Staffelei im Hintergrund selbst abbildet.

Auch wenn sich ‚*Screen Test / Unscript*', ‚*Dead Time*' und ‚*The First Glance*' nicht als *tableaux vivants* bezeichnen lassen, wird darin gleichwohl ein Wille zur Bewegung unterdrückt. Zwischen Stillhalten und Bewegung wurde Ausgewogenheit erreicht, und die Zurücknahme wurde bis auf ein paar Plattitüden und heruntergestotterte Monologe ausgedehnt. Es wird nicht viel gesprochen, man gibt oder nimmt nicht viel, doch alles ist in ein glühendes Halbdunkel aus weichen, warmen Brauntönen getaucht; man ist durch sein Desinteresse oder sein Befremden desto mehr bewegt, durch die Überlagerungen der Kategorien. Islam ist nicht so sehr an der Psychologie ihrer Darsteller interessiert, sondern an deren eigener Formung als Darsteller nach ihren Kinoerfahrungen. Das Kino erweist sich im Werk als ‚immateriell' gegenwärtig – im Versprechen und der besonderen Faszination des Close-Ups, das jemanden unbemerkt erwischt hat. Als eine Art von Schuss und Gegenschuss zwischen ‚demselben' und ‚dem Anderen' entspricht ‚*Screen Test/Unscript*' schließlich auch dem Publikumsverlangen nach dem Zufluchtsort der Camera Obscura und nach dem Melodram des Stereotyps, das sowohl das Publikum wie auch die Filmemacher dazu treibt, dicht an beidem zu bleiben und weit entfernt von ihrer Auratisierung.

In ‚*Dead Time*' legt eine Melodie, ursprünglich eine Filmmusik von François Truffaut, das Tempo zwischen Ungewissheit und Erwartung fest. Sie ist gespannt. In ‚Screen Test' ist eine Szene, in der Teller zu Boden fallen, in eine Sequenz mit einem Mädchen einmontiert. Das Mädchen verhält sich gleichgültig – natürlich, denn die Szene findet dort nicht wirklich statt. Der Zusammenhang ist dennoch überzeugend, schon allein deshalb, weil man es so sehen möchte. Wir registrieren auch die körperliche Abtrennung als Vergnügen, was an Luis Buñuel erinnert, in seinem Potenzial als Fetisch (zum Beispiel in ‚*Le Journal d'une Femme de Chambre*', 1964) und auf Grund ungenauer persönlicher Erinnerung; eine Vermittlung oder eine Stimmung können die Logik von beidem freisetzen, Fetisch und Nostalgie; Ungewissheit und Erwartung, ohne Unterschied.

Der Film ‚*Rapid Eye Movement*' verläuft wie ein leidenschaftlich improvisiertes Stück unzusammenhängender Kammermusik. Wie schon in ‚*Dead Time*' und ‚*Screen Test/Unscript*' spielt Musik wieder eine zentrale Rolle beim Werkaufbau, selbst wenn sie auf ein paar Takte zurechtgefeilt ist, wie in den frühen Arbeiten, in denen sie nur kurz anklingt, erzeugt sie eine Art mythischer Resonanz, und noch als nichtaufzulösende Musik ohne innere Folge bleibt sie fragmentarisch. In Islams Filmen funktioniert Mythos über den Klang, und nach seinem Muster als Antagonismus: zu *ver*zaubern, so wie er *ent*zaubert; um dadurch einem dritten Begriff von Simulation zu widerstehen, wie in Jean Baudrillards „reinen und leeren Form des Theaters, die mit der reinen und leeren Form des Wirklichen spielt." Weder Struktur noch Mythos sind beherrschend.

Die Struktur funktioniert als Format von Speicherung oder Kontrolle, wie eine koloniale Macht ersetzt es die Abwesenheit der Dimension des Originals durch einen Kopie – ein Glied in einer Signifikantenkette, in die unsere Erfahrung eingeschrieben ist; und die dennoch den Wunsch danach ausdrückt, die nicht abschließbare Reihe zu vervollständigen, zurück zum Ursprung des Sinnlichen zu gelangen, als unvermeidlichem Prozess einer Befreiung vom theatralischen Archiv. Islam fügt genügend hinzu, um Bedeutung hervorzutreiben über die Macht, die aus dem Ungeschichtlichen entsteht.

Islam inszeniert Fiktion an realen Orten, wobei ‚Ort' ein Gefäß für das ‚Woanders' darstellt. In ‚*Rapid Eye Movement*' ist das die Londoner ‚St.-Pancras-Station' (ihr Double existiert als ‚Victoria-Temple-Station' in Bombay). Eine dokumentarische Untersuchung zur Viktorianischen Villa, die Islam in ‚*House*' (1994, Super-8-Millimeter, Farbe) unternommen hat, ist von entscheidender Bedeutung für das Verständnis ihrer späteren Negationen und Inversionen des ursprünglichen gotischen Sinns, in denen durch ihre Dramaturgie das Melodram auf den Kopf gestellt wird. Es ist deshalb weder eine ersehnte utopische Versöhnung mit der Vergangenheit noch eine Anfechtung des noch immer bestehenden Kolonialmodells, einem Überbleibsel aus der Vergangenheit, wie ein leeres ‚Theater'. In ‚*Dead Time*' sieht man Athen von den Wolken aus als Fantasma. Islam filmt die Stadt wie unter einer Hülle. Es könnte überall sein, eine Stadt, antik und modern, wie in einem Traum. Eine Frau, allein, schaut auf sie herab und über sie hinaus. Wie die Stadt ist auch ihr Charakter nicht genau bestimmt, und es gibt auch keine abgeschlossene Handlung, die Schwankungen zwischen dem Sentimentalen und dem Mythischen ausbalanciert. Gespiegelt in der individuellen und kollektiven Reaktion ist der fantasmogorische Raum seines Inhalts entleert und der Einsamkeit überlassen. Die Filme ‚*Dead Time*' (In ‚*Dead Time / Temps Mort*' sieht man, dass eine Kamera außerhalb der Zeit der Filmhandlung läuft – eine von Michelangelo Antonioni entwickelte Verfremdungsmethode) und ‚*Rapid Eye Movement*' entfalten sich durch die Träume ihrer Figuren in Gestalt eines verlorenen, bereits besetzten Europa. An und für sich ist das Simulacrum die Frucht der Arbeit des Empires. Es impliziert nicht weniger als die simulierte Gewalt des Betrachters als Zuschauer und als Träumer. Die Logik ihres/unseres Blicks und seines Gegenstands, die überflutete oder unbestimmte Architektur in ‚*Dead Time*' springen zwischen Subjekt und Objekt. In dem Film wird Identifikation rasch mit Widerspruch zwischen Sichtweisen aus Traum- und Wachzustand konnotiert, ein Widerspruch zu jedweder stabilen Verortung, bis sich die Gegensätze aufgerieben haben. Am Ende bleibt man unversöhnt. In ‚*Dead Time*' dreht sich ein Kreis, hypnotisch, spiralförmig nach innen. Es gibt kein glückliches Ende, bevor der Kreis nicht zum Stillstand kommt. Islam hat vor ‚*Dead Time*' und ‚*The First Glance*' auch ‚*Unreconciled*' (auf Deutsch: ‚unversöhnt') gedreht, ein Titel, der ursprünglich von Jean-Marie Straub und Danièle Huillet stammt. Das unbarmherzige Wegreißen von allem Mythischen bestärkt den Materialismus, der für Islam seither einen Standard markiert. Die Kamera blickt auf den Hinterkopf eines Mädchens. Eine Nachtaufnahme in Schwarzweiß. Wind bläst ihr durchs Haar, ihr Gesicht sieht man nie. Das Tempo ist langsam, der Ton gedämpft. Die Zeit erstreckt sich ins Ungewisse. Die Kamera bewegt sich nicht, sie steht fest. Es ist von Bedeutung, dass sie sich nicht umdreht. Dass unser Verlangen danach nicht erfüllt wird, ist so etwas wie ein Schlüssel. In ‚*Rapid Eye Movement*' sind kurze Nahaufnahmen von Augen in der REM-Phase (REM = Rapid Eye Movement) zu sehen (vergleichbar mit Buñuels infamem Schnitt durch ein Auge in ‚*Un Chien Andalou*' (1929), eine extreme Nahaufnahme wie ein physischer Angriff auf das Sehorgan des Körpers), und wenn sie nicht zucken, schützen sie jeden der Akteure vor dem verlängerten Sehvergnügen des Publikums. Was erfahren wir/sie?

Die aufrichtigste Darstellung des paradoxen Phänomens, dass das Dokumentarische mit sich bringt, ist die Brechung des Alltäglichen durch etwas offenkundig Alltägliches. Islam arbeitet mit einer Umkehrung; der Wahrnehmungsprozess nach Descartes wird von innen nach außen gestülpt, so als ob auch wir wie unabsichtlich unsere Erkenntnisfähigkeit beeinträchtigt hätten.

Darin verbirgt sich ein Interesse an der gotischen Konvention, der ‚Monomanie' des Europäischen Bewusstseins. Okkultismus und Gotik haben auf einige der wichtigsten Arbeiten des Expressionismus Einfluss gehabt. Die ‚okkulte' Bilderwelt Islams entstammt aber ebenso sehr dem postmodernen Film, orientiert an Filmemachern wie George Romero, Carl Theodor Dreyer und Friedrich Wilhelm Murnau. ‚*Corridor*' (1994, Super-8-Millimeter, Farbe und VHS Video), in einem Hausflur in Ladbroke Grove, London gedreht, zeigt eine grell rot- und goldfarbene Treppe, auf der ein Darsteller in schwarzem Mantel in extremer Zeitlupe wiederholte Male hinauf- und herabsteigt. Wie ein Vampir, dessen Gesicht nicht gespiegelt wird, es sei denn, er trägt eine Einkaufstüte. Ein banales Zitat vielleicht, das uns aus dem Alltag des Großstadtlebens bekannt ist; dennoch wirft sie damit einen Schatten auf den Augenblick, ein Déjà-vu des Gewöhnlichen, die stets ausweichende und doch beharrliche Wahrheit der Dinge. Der Film folgt ihrem frühesten Werk ‚*House*', in dem man über die verfallene Treppe im Londoner Mansfield House in die Kellergewölbe herabgeführt wird und ein Jahrmarktfoto mit einem kleinen Mädchen und einem Affen entdeckt – das tatsächlich während der Dreharbeiten an diesem Ort ‚gefunden' wurde. Der unabweisbare Vergleich mit dem ungesunden Raum aus Friedrich Wilhelm Murnaus ‚*Nosferatu*' drängt sich hier auf, in der Art wie der unsichtbare Äther und das Übernatürliche zum Ausdruck kommen. Gaston Bachelard untersucht, wie sich eine Poetik des Raums in Begriffen des nicht Wahrnehmbaren wiedergeben lässt oder in Abwesenheiten, die in der Doppelung von Orten oder Dingen gegründet sind. Er beschreibt das Haus, insbesondere einen Abstieg vom Dachboden zum Keller. Er schreibt auch über Edgar Allen Poe, über seine poetische Bejahung des Lebens und ihre giftigen Rückstände. Wasser ist ein einleuchtendes Beispiel für ein ‚poetisches' Vehikel. Islam nimmt das wörtlich, indem sie die Arbeit ‚*Water*' (1994, Super-8-Millimeter, Farbe) neben Auszügen aus Paul Celans Dichtung installierte.

Die verlorene Qualität einer Handkamera, ruckelnde Bewegungen, harte Schnitte, die einem von Super-8-Filmen vertraut sind, fügen einen verdeckten dritten Gesichtspunkt hinzu, weder Darsteller noch Zuschauer noch der genannte Autor, die sich stets kontrapunktisch zur gefilmten Szene und zum Gegenstand bewegen. Die anonymen Eigenschaften von Städten und dunklen Räumen in ‚*Dead Time*' und ‚*Screen Test/Unscript*' sind eben deshalb romantisierend, weil sie entzaubert sind.

Eine Litanei poetischer Bilder kündet ebenso klar von der Verworrenheit der Liebe. Eine Art von Romantizismus, der gesellschaftliche Erzählungen mit ihrer Kehrseite, der persönlichen, ausstattet. Ohne Rekurs auf das Melodram hat Islam einen Weg gefunden, das Poetische/Symbolische freizusetzen, weshalb Oberflächenereignisse weniger leicht in Begriffen von Sinn und Bedeutung zu fassen sind. Es ist diese Fähigkeit, das Feld des Romantizismus für ungleiche Distanzen zu öffnen, auf dem sich mythische Hybridisierungen als Erfindung von Sprache verstehen lassen – universell, wie es der Mythos beschreibt –, wenn auch über Sackgassen, Holzwege und durch gefährliche Ausgänge. Das Universelle wird als Material zum Filmemachen einer Re-lektüre unterzogen.

Für Islam ist Film kein Prozess der Verarbeitung von Wirklichkeit oder von Geschichte wie bei Straub-Huillet, sondern ganz davon getrennt, es bildet einen parallelen Bereich, der einem real und vertraut erscheinen mag, der sich aber nicht mit Wirklichkeit verwechseln lässt. ‚*Parallel*' ist buchstäblich gedoppelt in der Form der Geschichte und der Präsentation. So wie ein Tanz hat diese unendlich faszinierende Choreografie keine reale Essenz, ob es ein langsamer Schwenk über ein Gesicht ist oder über eine Stadt und ihre synchronisierten Doubles. Die Kamera präsentiert die Gegenstände wie ein ‚als ob', als reine Simulation, und sie erreicht dabei eine seltene Schönheit, weil Islam den stärksten Impuls des Kinos, die kollektive Erinnerung, einbringt: das ‚Schwarz' der Stadt, die Stereotype, die gotische Symbolik und die Simulacren, eine märchenhafte Liebesgeschichte und die Rückkehr in den realen Raum des dunklen Kinos. Er wird neu gelesen als Raum der Beschwörung, der zum Sinn des Kinos zurückfindet als einer Form von Produktion, die sich als Simulacrum selbst reproduziert hat.

Niemand versteht Jacques Lacan besonders gut, doch die Spiegelung, die er als dritten Teil seiner ‚okkulten' Trias annimmt – das Symbolische, das Imaginäre und das Wirkliche – funktioniert hier ziemlich gut, um ihre gottlose Maschinerie anzutreiben, als gäbe es keine Geschichten mehr, bloß eine Jagd auf Schatten und eine Entwurzelung des Blicks.

26 – 31   **Runa Islam**
          Parallel, 2001
          16mm Film mit Ton auf DVD
          Doppelprojektion

26 – 31   **Runa Islam**
          Rapid Eye Movement, 2002
          Super 16mm Film

Porto

Rotterdam

Works by Runa Islam 1993–2003

THE UNFOUNDED EYE
Peter Lewis

Having seen the copy, he pursues an original ever-receding truth. The process of unearthing a discrete subject latent in Runa Islam's works, from the beginnings of a visualisation in the medium of film, finds individuals, locations or objects as often or not appearing in front of a Super 8 mm camera. They seem to carry forward some fragile and delicate meaning, or tender absence. They provide for example the epigrammatic approach to the narrative style, the sense of capture of moments, often poignant, well suited to the pictorial ambivalence of the stereotype, who appears by proxy in the variegated forms of her dramatic personnel. Actors cast personally by Islam for short scenarios and photographs are clearly unique individuals, yet caught in their screen presence by the traditional conventions of the portrait. Unnamed, the characters perform in moving tableaux, somewhere between photography and film. Islam had made self-portrait drawings in a sketchbook titled '*Self(ish) Portraits*' (1993–94), over a period of a year. These were exhibited in 1997 as an entire wall of photographed drawings of faces that, rather than describing one fixed character, catalogued subtle changes of perception and recognition, so that the person herself appears to differ from day to day, not only in a multiplying of aspects of a personality but also in her physiognomy. Each portrait is her yet unfamiliar. These early experiments in a critical, or non-rational, documentary process, conspire, albeit unconsciously, to deconstruct and reconfigure documentary photography and film genre. Islam seeks not to observe the subject and its status in the world from a neutral, fixed position or objective classification, but draws attention to models that have lost an originary milieu. Islam's films are posed therefore as a postmodern imaginary. She has refined from the 'cinema of attractions' (the earliest moving image spectacles like the shadow theatres and magic lantern shows) the texture of material, into an immateriality in which these 'attractions' form the alienation effect of the virtual character, as in '*Rapid Eye Movement*' (2002) and '*Parallel*' (2001); an immateriality which is incubated in '*Screen Test/Unscript*' (2000). In '*Screen Test/Unscript*' we are placed at an indeterminate distance from the illusion of documentary continuity. By entering us into a more aesthetic experience of the film, its making, the work exists entre deux as both art and cinema, without judgement beyond the immanence of its own performance. The look of cinema is returned as the look of art and vice versa. Screens are placed as objects in the space as constituent elements of an installed arrangement. The spectator is free to move from the rigid seating of a prescribed cinema. The structural design of the installations is part of the materialisation of the work's specificity and its material and ideological apparatus. It fully declares the technology of projection and celluloid, indicative of a sensitivity to the spectator's subject and object positions, as much as to the production of the work, and the performers that allow themselves to be subject to its production. In this she belongs to a category of art making that expands cinema that is performative, ontologically differentiated from the stages of dramatic and movie theatres, which can be shown in the former as unique performance or shown in a cinema as mechanical reproduction. There is an indiscernible distinction to be made between film, cinema and their simulacra. Islam copies the codes of cinemas, both as movies in their internalised and exteriorised narratives of social location (establishing shot, location, action, and plot) and their reproduction (installing, specifying apparatus, and initiating spectator interlocution). It may look virtually the same, but for simulacrum to arise it must specifically be constructed as a simulated performance *unfounding* 'the cinema'.

The look of the model, and its photogenic power of simulacrum, derives from a convention, for example in Daguerre's posed subjects. The discontinuities of early experimental film, falling between archival photography, documentary and ethnographic portraits of unknown persons, and the simulation of plots by simple scripts, are generalised to enable the visual category of cinema. It is restaged from within the genre of documentary narrative describing a person's movements by acts, face, and look.

Runa Islam's work is most often perceived as belonging to the relational aesthetic between different kinds of cinemas, and aspectual modes of art practice, through the medium of 16mm colour cinematography, or recently with super 16mm, and a separated sound technology, which allow her freedom to expand the sound and music montage against the film's visual content. Incorporating models and soundtracks from other more well known films, she places the imaginaries of the archive of cinema at the limits of a new viewpoint: these obscure, unconscious, collective memories, (source material collated from 1993 actually bore the category heading 'Other people's memories') are yet everyday viewpoints to be sublated in an installed cinema, as a simulation, or model of the cinema's 100 or more years of industrial, urban history. Entering as a fine art exhibition of moving images, it absorbs the abstraction (time) to establish a connection between the absence of the world, and the acting out of the fictive codes of a durational concrete presence. In adopting an uncompromised position to contemporary cinema functioning primarily as ideology, she follows in particular the auteur cineastes of the 60s, and the theories of the early pioneers. She presents this alignment in the context of experimental films, as manufactured in the camera and the projector, simultaneously materialising and dematerialising their agency as the producers of light and illusion. A turn akin to a Moebius curve (that Jean-Luc Godard coined as a metaphor for the spectator's relation to the identification with an actor,) is performed in this pose, the latent potential for a new subjectivity. The Moebius curve aligns and returns the spectator along the narrative, inside the screen in a movement of repetition: a source of joy and terrible power to return as 'unfounded'. A term from the philosopher Gilles Deleuze's critique of Frederic Nietzsche's Eternal Return, it is a simulacrum that "aims at the subversion of the world of truth and representation, allowing the embodiments of Truth, God, Self and the World, to reappear only insofar as they have become absolutely unfounded, as a series of masks and fables, infinitely distanced from any transcendent truth or point of origin." (From: *Phantom Communities: The Limits of Postmodernism Part 1 The Problem of the Simulacrum, Theories and Narratives*, Scott Durham p10). "The simulacrum in the imitative sense is the actualisation of something incommunicable in itself or unrepresentable: the phantasm in its obsessional compulsion." (From: *Description, Argumentation, Narrative—Decadence of the Nude, Pierre Klossowski, Maurice Blanchot*, ed. Sarah Wilson p128). "Every invention of the simulacrum pre-supposes the reign of predominant stereotypes: only with their decomposed elements does the making of a simulacrum succeed in imposing this reign of the 'stereotype'" (Ibid., p129). *'The First Glance'* (2000, 16 mm, colour) presents a man, as the fabled Narcissus, facing a mirror, desiring himself. A voice over, extracted from Rainer Werner Fassbinder's film *'Fox and his friends'* concerning homosexual love, stands in as an inner voice. The beauty of the reflective surface of the mirror and of the screen is continually held in check by the theatricality of its speaking subject, balancing distance and closeness, object and reflection, as sound separation and image saturation. The light of the mirror's surface stands at the same critical distance, as it were, as the screen in relation to the dubbed voice's lyrical musing. The rewards of looking are, she seems to suggest, a matter of idiosyncrasy and degree. Reception is bitter sweet, self-reflection uncertain, and personal feelings are disturbed by their internalised ambivalence. There are no self-truths, interpretations, only degrees of disenchantment and consumption at the mirror.

These themes are reframed as stories in '*Rapid Eye Movement*', (2002, Super 16 mm, colour), in vignettes that explore an actor's passivity as a surface, and the alienation effect is performed here as a matter of degrees of surface and wakefulness, staging the half-dream state of the superimposed spectator/actor/dreamer as a lucid exchange of subjectivities. Islam works mimetically in '*Rapid Eye Movement*', in the gaps of consciousness, or the uncertain alienating moments of crisis in a dream.

Gilberto Perez writes on the potential for emotion and the aesthetic of the alienation effect in acute terms, "Lacanian/Althusserian theory fails to grasp. It assumes that illusion is complete, that we wholly accept as reality the representations of art or ideology, and that the alienation countering the illusion must according be complete as well; it can only throw out the baby with the bath water." (From: *The Material Ghost; History Lessons*, Gilberto Perez p292)

Rather than follow blindly the philosophy of Jacques Lacan, or of assuming the pose of a concocted nominalism, such as video art's singular claim on structuralist, materialist, or conceptual works of the 60s and 70s, Islam's generation is able to capitalise 'politically' on the genres and disciplines culled from an overview of the mainstream and historical avant-garde art of the twentieth century. Islam differs somewhat in taking a less formal political relation to the pleasures of cinema. A contemporary, Pierre Huyghe, who also works with cinema, for example, might be about the passivity and danger implied by mass pleasure. She enters the debate of politics with a more indirect affinity with the movie-camera itself. A politics of representation is neither a claim for, nor a disavowal of a representation of politics.

Islam attended the Rijksakademie/Amsterdam from 1996–1998, where she made a break with the earlier more personal super 8 work with '*Turn/Gaze of Orpheus*', (1998, digital video) '*Martin*' (1997, Super 8 mm, colour and digital video, b/w), '*Stare Out/Blink*' (1998, 16 mm, b/w), and '*Tuin*' (1998, 16 mm, colour and digital video, b/w) by moving to 16 mm and its multiform projection. The works '*Screen Test/Unscript*', '*Dead Time*' and '*The First Glance*' (all 16 mm, colour) followed on her immediate return to England and elaborate the intimacy of the portrait, especially in terms of its screen presence in close-up.

The work '*Screen Test/Unscript*' is a close-up of friends pretending to be unknown. Like John Cassavetes or Andy Warhol, Runa Islam puts her personal impressions into a formal, and elegant order. Warhol produced '*Screen Test/Unscript*' and Cassavetes '*Shadows*'. The close-up declares its physiognomy as both icon and index; the 'other' is also the 'same'; ordinary is unique when filmed at the precise distance. For Carl Theodor Dreyer the close-up was a yearning to touch the soul beneath the skin. Islam does not 'penetrate' the skin to reach the spirit, as with Dreyer's magnifying lens, but dwells more on the disclosure of virtuality in the individual's visage: virtue interrogated by the audition, aspiration in a bewildered gaze, and a sensing of the unreal or abstraction, in the iconic representation, constitutes a spiritual unease. Islam keeps fulfilment out of reach, and beyond frame. '*Screen Test/Unscript*' is constructed to look like a screen test and becomes one by transferring responsibility to the audience's judgement.

The camera pans off centre and seeks the oblivion of the shadow. These protagonists are not always acting, but are being asked to perform as themselves or as 'someone else', as a shadow of themselves, in full knowledge of being filmed as such. Their voice is replaced with another's, dubbed but not always in sync with the speaking image. The relationship of sound to image is both juncture and rupture. Klossowski's theory fits. Characters are not named; they are models. But they often gaze back at the camera, like those in Chris Marker's ethnographic '*Sans Soleil*', transforming documentary into imaginary through the seduction of voice over. In Marker it makes us all voyeurs of ethnicities. In Islam it is an enunciation. This is an uncomfortable positioning of voyeurism that frames us as much as its object of scrutiny, in an installation where the viewers are able to see themselves as voyeurs around a centrally placed screen. The voice is produced from two sources, one from the projector itself, the other from a speaker, producing an echo, or reflection. Islam's own screen test, through the mirror, frames her at camera, in the process of filming. As the camera registers its reflection, we are reminded of Velasquez catching himself at the easel in the background of his own painting '*Las Meñiñas.*'

Although '*Screen Test/Unscript*', '*Dead Time*' and '*The First Glance*' are not *tableaux vivants*, a will to movement is never the less held at restraint. There is maintained an agreement between keeping still and moving, restraint is extended to a shallow set of planes and a few stutters of monologue. Nothing much spoken, not much given, nor taken, yet bathed in an incandescent half-light, of soft warm browns; we are moved all the more for our disinterest, or alienation, by the superimpositions placed upon categorisation. Islam is not interested so much in the psychology of her characters, but in their own modelling of character from cinema. The cinema reveals itself in the work as an 'immaterial' presence through the promise and intelligible allure of the close-up only when we are caught unawares. As a kind of shot/reverse shot, between the same and the other, '*Screen Test/Unscript*' is also finally the desire of an audience for the shelter of the *camera obscura*, and for the melodrama of the stereotype, that impels both the audience and the filmmaker to stand both close to, and far from production of its aura.

In '*Dead Time*' a melody originally from a score from François Truffaut, sets the tempo between uncertainty and expectation. It is tense. In 'Screen Test' there is a crash of plates montaged in a sequence with a girl. She is indifferent, of course, as it is not really there. However it is convincing solely because we want it to be. We also record the physical detachment as a pleasure, which recalls Luis Buñuel's, in the potential of its fetish (for example in '*Diary Of A Chamber Maid*', 1964) and because of an indistinct personal memory; a mediation, or temper, that frees up the logic of both, fetish and nostalgia; uncertainty and expectation, without division.

The film '*Rapid Eye Movement*' plays, like a favourite improvised piece of desultory chamber music. Music again plays a central role in constructing a work as in '*Dead Time*' and '*Screen Test/Unscript*', even when, in these earlier works it appears only briefly, honed to a few notes, it carries mythic resonance, yet as an insoluble music without consequence, it remains a fragment. Myth functions, through sound, and with its model, as a counter-argument, to *re*enchant as it *dis*enchants, in Islam's films, in order to resist a third term of simulation, as in Jean Baudrillard's "pure and empty form of theatre which plays with the pure and empty form of the real." Neither model nor myth are sovereign.

The model functions as the format of memorising, or controlling, such as the colonial injunction, it substitutes the absence of the original dimension with a copy, one in a signifying chain in which our experience is inscribed; and yet which expresses a desire to complete the chain, which is never complete, back to the sensual origin, as a necessary process of freedom from the histrionic archive. Islam adds enough to agitate meaning about power derived from ahistoricism.

Islam stages fiction in real location, the 'place' being a vessel for 'elsewhere'. In '*Rapid Eye Movement*' it is St. Pancras Station, in London (its 'double' exists in Bombay, as Victoria Temple Station). A documentary investigation undertaken by Islam of the Victorian mansion in '*House*' (1994, Super 8 mm, colour) is pertinent to an understanding of her later negations and inversions of the original Gothic sense, where the melodrama of its dramaturgy becomes upturned. It is therefore neither a wishful utopian reconciliation for the past nor a refutation of the still persistent colonial model, remnant of the past as an empty 'theatre'. In '*Dead Time*' it is Athens seen from the clouds as a phantasm. She photographs the city as a shroud. It could be anywhere, it is a city, both ancient and modern as if in a dream. A solitary woman appears to look to it and beyond. Her character, as the city, is not completely defined, nor is a plot completed, balancing dissociation between the sentimental and mythic. Reflected in the individual and collective reaction is the phantasmogoric space, emptied of its content and left in solitude. The films '*Dead Time*' ('*Dead Time/Temps Mort*' denotes that a camera is running outside of the action time, developed in Michelangelo Antonioni's alienation method) and '*Rapid Eye Movement*' take shape through the dreams of its characters in terms of a lost, pre-empted Europe. In itself, the simulacrum is the fruit of Empire's labour. It no less implicates the simulated violence of the contemplator as spectator and dreamer. The logic of her/our gaze and its object, the submerged or indeterminate architecture, as in '*Dead Time*' switches between subject and object. Identification in the film becomes rapidly connoted with contradiction in viewpoint from within dream and waking state, of any stable location until oppositions tire themselves out. Finally we are unreconciled with its knowledge. In '*Dead Time*' the spinning of a ring is hypnotic, spiralling inwardly. There is no conciliatory ending other than the ring coming to rest. Islam had also made a work '*Unreconciled*' from Jean-Marie Straub and Danièle Huillet's original title before '*Dead Time*' and '*The First Glance*'. The remorseless stripping away of anything mythic informs the materialism that in turn sets a standard for Islam. The back of a girl's head faces the camera. It is night, shot in black and white. A breeze blows through her hair, but we never see her face. The pace is slow, and sound mute. The time is lengthened indefinitely. The camera does not move, it is fixed. The importance of not reconciling our desire for her turn, is key. In '*Rapid Eye Movement*' close-ups either of the eyes are shown in rapid eye movement, (not unlike Buñuel's '*Un Chien Andalou's* infamous cutting of an eye, an extreme close-up as a physical assault on the body's organ of vision) or they do not linger, but protect each character from an audience's prolonged visual pleasure. What are we/they experiencing?

The most faithful reproduction of the paradoxical phenomenon implicit in documentary is the rupture of the everyday by something apparently everyday. Islam performs an inversion; the realising process of Descartes is pulled inside out, as if we too have had something taken away from our recognition, as if unawares.

Herein lies an interest in the Gothic convention as the 'monomania' of a European consciousness. Occultism and the Gothic has informed some of the greatest Expressionist works. Islam's 'occult' imagery, derives as much from the postmodern film, of filmmakers such as George Romero, as Carl Theodor Dreyer and Friedrich Wilhelm Murnau. '*Corridor*' (1994, Super 8 mm, colour and VHS video), shot in a hallway in Ladbroke Grove, London shows a lurid gold and red stairway, upon which, in extreme slow motion, a character repeatedly climbs and descends, in black overcoat. Like a vampire, whose visage is unreflected, except he holds a shopping bag. A mundane re-iteration, perhaps, that we have acknowledged about the everyday of urban life, and boredom; yet here she casts a shadow on the moment, as déjà-vu of the ordinary, as the ever receding yet persisting truth of things. It follows her earliest film '*House*', in which a mansion's staircase left in derelict state at Mansfield House in London leads us in descent into the vaults and the discovery of a funfair photograph of a little girl and a monkey; something, in fact, 'found' whilst shooting on location. The inevitable comparison is to the unhealthy space as evoked in Friedrich Wilhelm Murnau's *Nosferatu*, in the way the invisible aether or supernatural is felt. Gaston Bachelard analyses how a poetics of space is articulated in terms of the indiscernible, or absences, found in the duplicity of places, or substances. He writes on the house, particularly of a descent from attic to cellar. He also writes on Edgar Allen Poe, of his poetic affirmation of life and its poisonous residues. Water is a lucid example of a 'poetic' vehicle. Islam takes it literally, for the work '*Water*' (1994, Super 8 mm, colour) installed against pages of Paul Celan's poetry.

The lost quality of a hand held, staccato movement, sharply cut, evoked instantly in filmed fragments of super 8, adds an occluded third viewpoint, neither protagonist nor viewer, nor identified author, yet moving in counterpoint to the filmed scene and subject. The anonymous qualities of cities and of dark spaces in '*Dead Time*' and '*Screen Test/Unscript*' romanticise, for the very reason that they are disenchanted.

A litany of poetic images speaks as clearly of the obscurity of love. This is a kind of romanticism that provides social narrative with its underside, the personal. Without recourse to melodrama, Islam has found a way of unfixing the poetic/symbolic, so that the surface events are less easily determined in terms of meaning. It is this ability to open up the field of romanticism to unequal distances, in which mythic crossings are understood as foundations of language, albeit, as myth describes, universally, through blind alleys and dangerous exits. The universal is re-read as the material for film making.

The passage of her film work is not, for Islam, a process of reproducing reality, or history, like Straub-Huillet, but is distinct from it, it presents a parallel realm that may look recognizably real but that nobody can mistake for reality. '*Parallel*' is literally doubled in story form and presentation. This endlessly fascinating choreography, like a dance, has no real essence, whether it is the slow pan across the face, or a city and its synchronised doubles. The camera presents its objects as an 'as if', a pure simulation and as such achieves a rare beauty, since Islam sublates the cinema's strongest impulse, its collective memory: the 'noir' of the city, the stereotype, its Gothic symbols and simulacra, an eternal romance in myth back into the real space of the dark cinema. It is re-read as space of invocation, that returns to the sense of cinema as a mode of production that has reproduced itself as a simulacrum.

Nobody understands Jacques Lacan very well, but the mirroring he conjectured as third part of his 'occult' triad: symbolic, imaginary and real, here functions very well to fuel its unholy machinery, as if there were no more stories, only a chasing of shadows, and an unfounding of the eye.

45 Runa Islam
Dead Time: City, 2000
16mm Film

BIOGRAPHIE
Runa Islam

1970 * Dhaka, Bangladesh
1997-98 Rijksakademie van Beeldende Kunsten, Amsterdam
1995 Middlesex University
1990-92 Manchester Metropolitan University
Lebt und arbeitet in London

Ausgewählte Einzelausstellungen

2003 *Rapid Eye Movement*, MIT List Visual Arts Centre, Cambridge, Massachusetts
2001 *Director's Cut* (Fool for Love), White Cube, London
2000 *Screen Test/Unscript*, Fig-1, London

Ausgewählte Gruppenausstellungen

2003 Sharjah International Biennial 6, United Arab Emirates
2002 *Great Theatre of the World*, Taipei Fine Arts Museum, Taipei, Taiwan
2001 *Foot Loose*, Stedelijk Museum, Amsterdam
Neue Welt, Frankfurter Kunstverein, Frankfurt
Squatters, Museu de Serralves, Oporto and Witte de With, Rotterdam
Gymnasion, Bregenzer Kunstverein, Bregenz
Whitechapel Centenary 1901-2001, Whitechapel Art Gallery, London
Century City, Tate Modern, London

BIOGRAPHIE
Peter Lewis

Peter Lewis ist Künstler und Kurator.
Mit Ausstellungen wie *Candyman II*, *Lost Property* und *Flag* in London steckte er in den 90ern gewissermaßen den Rahmen einer Kultur „alternativen" Kuratierens ab. Seine Präsentation von *Big Blue* im Rahmen von *Century City* in der Tate Modern, 2001, war ein wichtiges Dokument jener Zeit und angebrachte Bestätigung seines Einflusses auf eine Generation von Künstlern, die inzwischen ein internationales Publikum erreicht hat.
Peter Lewis ist Assistent Director of Curating am Goldsmiths College, University of London.

Ausgewählte kuratierte Ausstellungen
Sharjah International Biennial 6, Expo Centre/Museum of Art, Sharjah, U.A.E,; *Concrete*, Cell Project Space, London (mit Dustin Ericksen) 2002; *Big Blue*, Tate Modern (im Rahmen von *Century City*) 2001; *Gymnasion*, Palais Thurn und Taxis, Bregenz, (mit Wolfgang Fetz) 2000; *Host*, Tramway, Glasgow, 1998.

PUBLIKATIONEN
Runa Islam

Miradas Cómplices, *Knowing Looks*, hg.: CGAC 2003, S. 100
Great Theatre of the World, hg.: Taipei Biennial 2002, S. 106
"Runa Islam", *ZOO*, Issue 10, 2001, S.140
2001 Fetz, Wolfgang/Lewis, Peter, *Gymnasium*, hg.: Kunstverein Bregenz
2000 Coles, Pippa, Higgs, Matthew und Poncelet, Jacqui, hg., *The British Art Show 5*, Hayward Gallery National Touring Exhibitions, London
Bianchi, Paolo, Fetz, Wolfgang und Sagmeister, Rudolf, hg., *Kunst in der Stadt 4*, Kunshaus Bregenz und Bregenzer Kunstverein
Kelly, Jo Hill, *Nurture und Desire*, Hayward Gallery, London 2000
Bonami, Francesco, hg., *Guarene Arte 2000*, Fondazione Sandretto Rebaudengo per L'Arte, Guarene D'Alba, Italy
Rollig, Stella, hg., *Hers: Video as a Female Terrain*, Steirischer Herbst, Graz, Austria

Impressum

RUNA ISLAM
Film and video works by Runa Islam
Eine Ausstellung des Magazin 4 Vorarlberger Kunstverein
Bergmannstr. 6, A-6900 Bregenz, www.magazin4.at

Ausstellung
Kurator: Wolfgang Fetz
Assistenz: Judith Reichart

Katalog
MAGAZIN 4
Herausgeber: Magazin 4 Vorarlberger Kunstverein
Konzept: Wolfgang Fetz, Judith Reichart
Redaktion: Judith Reichart
Lektorat: Thomas Klagian (D), Kathleen Sagmeister-Fox (E)
Übersetzung: Jens Asthoff, Hamburg (E-D)
Gestaltung: Rita Bertolini & Judith Reichart
Druck: Hämmerle Druck, Hohenems
Printed in the EU

© 2003 beim Herausgeber, der Künstlerin, beim Autor & Revolver
Alle Rechte vorbehalten

ISBN 3-936919-69-0

Revolver
Archiv für aktuelle Kunst
Jacobystraße 28, D – 60385 Frankfurt am Main
T +49 (0)69 44 63 62, F +49 (0)69 94 41 24 51
revolver@naiv.de   www.naiv.de

Mit freundlicher Unterstützung von
Landeshauptstadt Bregenz, Land Vorarlberg, Bundeskanzleramt – Sektion Kunst
Mäser digital media GmbH

Dank
Alex Bradley
Jay Jopling, White Cube, London

RUNA ISLAM

M4 disjecta

50/51 **Runa Islam**
Unreconciled, 2000
16mm Film auf DVD